AF468393

MANIFESTE

DE LA SOCIÉTÉ

DES

AMIS DU PEUPLE.

Lb51. 229.

PARIS. — AUGUSTE MIE, IMPRIMEUR,
rue Joquelet, n° 9, place de la Bourse.

MANIFESTE

DE LA SOCIÉTÉ

DES

AMIS DU PEUPLE.

R.F.

SE VEND AU PROFIT DES VOLONTAIRES QUI PARTENT POUR ALLER SOUTENIR LA CAUSE DE LA LIBERTÉ EN BELGIQUE.

PRIX : 50 CENTIMES.

3858

PARIS.

DELAFORÊT, LIBRAIRE, rue des Filles-Saint-Thomas, n° 7.
ROUEN, FRÈRES, rue de l'École-de-Médecine, n° 13.
DELAUNAY, au Palais-Royal.

1830.

MANIFESTE

DE LA SOCIÉTÉ

DES

AMIS DU PEUPLE.

PREMIÈRE PARTIE.

Ce fut le 30 juillet que se réunit pour la première fois la *Société des* AMIS DU PEUPLE.

Ce qu'avaient fait les membres de cette société dans les trois jours précédens, nous n'en parlerons point. Nous dirons seulement qu'ils avaient conquis, comme tous les citoyens, le droit de s'occuper de la chose publique.

Au 30 juillet, ils virent Paris délivré des tyrans et de leurs satellites; ils virent aussi la capitale, et par suite tout le pays sans gouvernement, la force restant aux masses, et les lois n'ayant plus pour gardiens que ceux mêmes contre qui elles semblent faites: ils virent tout cela et n'en furent point alarmés.

C'est qu'ils s'étaient mêlés à ces masses; c'est qu'ils avaient reconnu de quel amour d'ordre et de bien

1.

public elles étaient animées. Ils savaient que ces cent mille rois de Paris, qui régnèrent pendant trois jours, les armes à la main, sans commettre un abus de pouvoir, déposeraient d'eux-mêmes le sceptre pour rentrer dans la vie privée, contens d'avoir fait justice des audacieux qui avaient attenté à leur souveraineté.

Les Amis du Peuple savaient donc qu'il n'y avait pas lieu de redouter l'anarchie avec une population si sage, si éclairée, si désintéressée. Leurs inquiétudes durent naturellement se tourner d'un autre côté.

Un gouvernement allait se constituer. Le peuple avait fait table rase : content d'avoir prouvé sa force, il laissait le trône vacant. Quel était le citoyen qui viendrait s'y placer?

On dit un nom. Ce nom fut répété; il trouva peu ou point d'opposition : le duc d'Orléans fut proclamé lieutenant-général. Ceux que l'on appelle républicains, et qui peuvent préférer un gouvernement démocratique, ne voulurent point essayer de faire prévaloir leurs opinions au risque de l'ordre et peut-être de la liberté.

On a dit qu'ils ne l'avaient pas osé : on s'est trompé. On a dit qu'on les avait empêchés : on a menti. Ils ne voulurent point. Si quelqu'un peut se vanter d'avoir préservé la France de l'anarchie, c'est aux républicains qu'appartient ce droit. Ils ont, il est vrai, ri de pitié en voyant tels et tels hommes, souillés de tous les crimes politiques qui ont affligé le pays depuis quinze ans, apporter une adhésion mercenaire, et proclamer qu'ils accouraient du fond de leurs châteaux pour sauver la France: ils les ont abandonnés au mépris de la nation, et ils se sont tus.

Cependant il n'existait plus de pouvoirs en France.

La royauté était renversée.

La chambre des pairs, nous en appelons à sa conscience, la chambre des pairs se croyait-elle la moindre influence? Si la conscience des pairs restait muette, nous en appellerions à leur absence aux jours du danger comme aux jours de la victoire: une cave ou un grenier peuvent protéger un pair de France contre les balles; elles ne le cachent pas aux regards vigilans de la nation.

La chambre des députés était dissoute. On peut ici envisager la question sous deux aspects.

La chambre tenait ses pouvoirs de la Charte de Louis XVIII, elle devait donc se soumettre aux ordres du roi. Nommée en exécution de la constitution, du moment que le gouvernement était renversé, la royauté brisée, la chambre, partie intégrante d'un corps qui n'existait plus, n'avait plus d'existence légale.

Les patriotes savaient cela. Cependant la chambre se réunit, et ils ne voulurent pas s'y opposer.

Ils doivent aujourd'hui faire connaître au peuple les raisons qui les décidèrent.

Il n'y avait plus de pouvoir légal en France; l'organisation entière du pays était à faire. Il fallait que quelqu'un mît la main à l'œuvre; ne fût-ce que l'appel au peuple, il fallait que quelqu'un s'en chargeât. Et comment, dans un moment où la situation était urgente, recourir à une mesure aussi dilatoire? comment d'ailleurs en obtenir l'exécution ? Il fallait un centre d'action qui pût, à quelques égards, mériter la confiance. La chambre des députés se trouvait là; elle émanait, quoique d'une manière indirecte et vicieuse, de la population. On résolut de se rallier autour d'elle comme pouvoir révolutionnaire, et de donner à ses actes la sanction de l'assentiment. Mais cette sanction ne pouvait être que conditionnelle. La chambre des députés ne trouvait ses droits que dans la nécessité. Cette nécessité passée, ces droits n'existaient plus.

Ces droits, d'ailleurs, étaient restreints dans la même limite. Ils consistaient à faire ce que la nécessité commandait. Ils n'allaient pas plus loin.

Ainsi, proclamer la lieutenance-générale, pourvoir à diverses mesures d'administration, voter des douzièmes provisoires, étaient des mesures indispensables, dont l'utilité frappait tous les yeux; et si, après ces actes de sagesse, la chambre se fût présentée à la nation, réunie dans ses assemblées primaires, nul doute qu'elle n'eût recueilli, pour prix de sa conduite, les témoignages unanimes de l'approbation nationale.

Au lieu de s'en tenir à ces actes importans, voilà que la chambre des députés est saisie tout à coup de l'ardeur de jouer un rôle qui ne lui appartient pas. On ne sait quelle injuste et odieuse défiance des lumières du peuple, quelle présomptueuse confiance dans ses talens, sa puissance politique, son indispensabilité, lui fait croire qu'elle seule peut convenablement pourvoir à l'organisation complète et définitive du pays; car nous ne voulons pas penser que les membres de la chambre aient cherché seulement à exploiter la circonstance à leur profit, au détriment des droits incontestables de la nation.

Nous sommes au 6 août. Huit jours n'ont pas encore passé sur la révolution.

Une charte, disons mieux, la Charte est apportée sur le bureau du président. On propose d'y faire les modifications nécessaires pour la mettre en harmonie avec les besoins du pays.

Et ces besoins, quand les a-t-on consultés? de quelle manière, à quelle époque a-t-on interrogé le peuple, ce peuple qui vient de montrer au monde entier s'il a en effet une volonté.

N'importe, les députés ont depuis long-temps, disent-ils, réfléchi sur ces besoins, ils les connaissent; c'est M. Berryer qui le leur assure, M. Berryer, le député populaire, l'homme en harmonie avec la révolution, qui sait bien comment la révolution s'est faite, et qui sait et qui veut ce qu'il faut pour la consolider. Sur la parole de M. Berryer, la chambre se met à l'œuvre.

Au moins ce sera avec la sage circonspection qui convient à des législateurs assez timorés de leur nature dans leurs délibérations. Eux, qui ont mis des mois entiers à voter une loi de pêche fluviale, prendront peut-être bien quelques jours pour méditer sur la constitution qu'ils octroient à toujours au peuple français et à son roi.

Quelques hommes consciencieux le réclament; mais

la chambre à la parole de M. Berryer et de quelques autres députés aussi nationaux; elle passe outre.

Au moins vous la lirez cette Charte, afin de bien exprimer sur quels points portent vos modifications; afin aussi que l'on sache que vous ne votez pas seulement les amendemens, mais l'acte entier.

Nous n'avons pas le temps! s'écrie une voix de la droite. Et la Charte que l'on veut amender n'est pas même lue. Et au bout de deux heures, MM. les députés se sont levés trente ou quarante fois, la Charte est faite, la nation française est constituée.

DEUXIÈME PARTIE.

Pendant ces actes de la chambre, que faisait la Société des Amis du Peuple?

Dès le 30 juillet au matin elle s'était réunie en armes, justement inquiétée de ce qu'elle entendait publier.

On élevait une question d'homme avant de songer à celle des principes; elle voulait au contraire que le peuple fît sa constitution avant de confier à qui que ce fût la direction de ses affaires.

C'est dans cet intérêt que les *Amis du Peuple* envoyèrent plusieurs députations au général Lafayette et au gouvernement provisoire: ils tenaient à leur rappeler à l'un et à l'autre le mandat qu'ils avaient reçu du peuple vainqueur et souverain; ils tenaient à leur recommander d'en mesurer toute l'étendue, et de ne se point dessaisir hâtivement d'un pouvoir dont ils auraient à rendre compte.

« Il faut, disaient-ils, empêcher qu'aucune pro-« clamation soit faite qui déjà désigne un chef, lors-« que même la forme du gouvernement ne peut être « encore déterminée. Il existe une représentation pro-« visoire de la nation : qu'elle reste en permanence « jusqu'à ce que le vœu de la majorité des Français « ait pu être connu. Dans toutes les circonstances ce « vœu a été consulté ; ne faisons pas aujourd'hui un « pas rétrograde dans la carrière que quarante ans de « sacrifices et de gloire nous ont ouverte, et que les « immortelles journées des 27, 28 et 29 juillet ont « immensément agrandie; que la représentation pro-« visoire s'occupe de suite des moyens de consulter « les vœux de la France. Toute autre mesure serait « intempestive et coupable.

« Le 5 juillet 1815, la chambre des représentans, « sous le feu des étrangers, en présence des baïon-« nettes ennemies, a proclamé des principes conser-« vateurs des droits des citoyens, et a protesté contre « tout acte qui imposerait à la France un gouverne-« ment et des institutions qui ne sympathiseraient pas « avec ses vœux et ses intérêts. (Voyez la déclaration « de la chambre de 1815.)

« Ce sont ces principes qu'il faut adopter aujour-« d'hui; qu'ils nous servent de ralliement. La cham-« bre de 1815 les a légués à un avenir qui nous ap-

« partient maintenant. Recueillons cet héritage et sa-
« chons le faire tourner au profit du peuple et de la
« liberté. »

Tel était le langage de la Société des Amis du Peuple au 30 juillet. Cette adresse fut publiée, affichée, et personne alors ne s'avisa de contredire. — M. Lafayette et la commission répondirent que « *tous* « *les principes énoncés dans l'adresse étaient les* « *leurs*, et que ni lui ni elle ne se démettraient du « pouvoir à eux conféré spontanément par le peuple, « avant que les intérêts, les droits de la nation ne « fussent consacrés par une constitution librement « délibérée, votée, et *en harmonie avec tous ses* « *vœux.* » — Ce jour même, un pair[1], M. de Sussy (aujourd'hui? le croirait-on, l'un des colonels de la garde nationale), envoyé de Charles X, ayant apporté la révocation des ordonnances et un choix de nouveaux ministres parmi lesquels figuraient MM. de Mortemart, Casimir-Périer et Gérard, M. Lafayette ne consentit à le recevoir qu'en présence de la députation des Amis du Peuple, afin, dit le général, *qu'il pût entendre du peuple la réponse qu'il aurait à lui faire.* — A ce moment même, et malgré ce qui venait de lui être dit, la Société des Amis du Peuple s'aperçut que le gouvernement provisoire, qui avait déjà compromis sa puissance en affectant de prendre la dénomination modeste de commission municipale, était loin de comprendre toute l'étendue comme toute la responsabilité de sa mission. Elle s'adressa dès-lors avec instance et fermeté au général Lafayette dont l'immense popularité lui donnait encore de grandes espérances. Elle le supplia, au nom du sang versé et de la cause pour laquelle il l'avait été, d'accepter la magistrature suprême jusqu'à ce qu'on eût posé les bases d'une constitution qui fût l'expression véritable des droits et des besoins pour lesquels la société s'agite depuis quarante ans. « Les Amis du Peuple « peuvent vous donner ce mandat, lui disaient-ils, « car ils sont les véritables élus de la bataille, eux « qui ont fraternisé de volontés, d'actions et de dan« gers avec ceux qui ont fait la révolution; ils peuvent « vous rendre leurs expressions fidèles, et les vœux « qu'ils ont entendus alors que toute parole était vé« rité, parce que toute parole pouvait être la der« nière de quiconque la proférait. Vous êtes le seul « homme qui inspirez au peuple assez de confiance « pour qu'il puisse vous déléguer provisoirement « ses droits. Acceptez-les et sauvez la patrie. Dites « un mot, et cent mille acclamations vont ratifier nos « vœux. » — M. Lafayette parut entendre ces paroles, mais demanda du temps pour réfléchir. — Chaque heure alors apportait de grands changemens dans la situation des affaires. — Quelques momens plus tard, le peuple ne pouvait plus se faire entendre, et M. Lafayette n'avait plus rien à accepter. — La Société des Amis du Peuple avait fait son devoir. — Elle le continua toujours depuis. — Forcée de s'adresser directement à une chambre incapable de comprendre les besoins de la nation, elle ne négligea rien pour l'éclairer sur son incompétence; et bien que ses efforts n'aient pas eu tout le succès désiré, elle a pourtant la conviction que les pâles modifications faites à la

Charte de Louis XVIII sont dues en grande partie à la persévérance et à la fermeté qu'elle a su montrer en cette circonstance.

En présence d'une représentation si infidèle ou plutôt si mensongère des intérêts du peuple, en présence surtout de la résurrection d'une aristocratie à laquelle la fausse direction et les lâchetés de la chambre des députés venaient de redonner vie, la Société des Amis du Peuple, qui ne désespérera jamais de l'avenir du pays, dut redoubler d'efforts. La réputation de probité du nouveau roi, les bons sentimens qu'il exprimait chaque jour la rassuraient, mais le choix des agens du pouvoir, leurs premiers actes étaient peu faits pour lui inspirer la même sécurité.

Plus tard, un nom, celui d'un homme qui avait rappelé les Bourbons dont la présence nous a causé quinze ans d'humiliation et de malheur et dont l'expulsion nous a coûté le sang de nos frères, un nom qui s'est mêlé depuis quarante ans à toutes les trahisons, à toutes les chutes du gouvernement, le nom de Talleyrand fut proclamé et jeta partout la honte et l'inquiétude : ce nom fut considéré comme un outrage et un démenti à la révolution. Notre époque était-elle donc si pauvre d'intelligence et de dévouement qu'on ne pût lui trouver d'autre représentant, chez un peuple éclairé, qu'un vieillard décrépit et justement déshonoré? Donner à pareil homme pareille mission, c'était méconnaître bien étrangement notre situation, et, ce qui est plus grave, justifier les plus cruelles défiances. Les Amis du Peuple considérèrent dès-lors que le premier de tous les intérêts populaires était la dissolution d'une chambre qui, par sa fâcheuse influence, était la cause de tout le mal produit, et ils durent apporter dans leurs efforts toute la chaleur de leur conviction.

Dans tout ce qu'ils ont demandé, c'est surtout le vœu public qu'ils ont écouté; car eux aussi, mêlés à toutes les classes de la société, tenant par leurs relations à presque tous les points de la France, ils ont pu consulter l'opinion du plus grand nombre et en publier l'expression. — De quel droit? s'écrient les hommes d'autrefois; de quel *droit?* répètent ceux qu'aveuglent les misérables habitudes de la restauration et de l'empire. — Du droit qu'ont tous les Français d'émettre librement leurs opinions; du droit qu'ont toutes les classes quelconques de se consulter et de s'entendre pour arriver à l'accomplissement de leurs vœux; de ce droit que M. Guizot le doctrinaire réclamait pour lui, il y a six mois, lorsqu'il présidait une société réunie pour obtenir des élections constitutionnelles. Du droit que vous réclamerez bientôt vous-mêmes, hommes pusillanimes, qui tremblez devant le premier exercice d'une liberté franche et austère.

C'est en vertu de ce droit que nous avons adressé aux électeurs une circulaire où nous exprimons à quels titres de vrais patriotes nous semblent devoir accorder leur confiance à leurs mandataires.

« Vous voudrez sans doute, leur disons-nous, que « vos représentans, pénétrés de cette vérité que la « chambre actuelle est sans *mandat légal*, se réunis- « sent pour en provoquer la dissolution; vous voudrez,

« dans tous les cas, qu'en adoptant le dogme de la « souveraineté du peuple, ils exigent qu'on l'applique « *progressivement* dans toutes les parties de l'ordre « social.

« Ainsi, pour citer les réformes les plus urgentes :

« L'incompatibilité des fonctions salariées par le « gouvernement avec celles de député ;

« Une indemnité de séjour et de voyage pour les « représentans de la nation ;

« L'abolition de la pairie héréditaire ;

« L'abolition de tous les monopoles et priviléges ;

« Une nouvelle loi électorale sur le principe le plus « large du droit d'élection, avec l'exclusion complète « de toute espèce de condition pour l'éligibilité ;

« Application du même principe à l'organisation « départementale et communale ;

« Réorganisation de la magistrature ;

« Révision de la législation, pour la débarrasser « des lois de circonstance, lois de haine et d'oppres- « sion ;

« Nouvelle assiette de l'impôt ;

« Abolition de la loi sur les boissons, et réforme « du système des contributions indirectes ;

« Enseignement gratuit pour toutes les classes de « la société ;

« Les frais du culte laissés à la charge des croyans.

« Voilà quelles sont à nos yeux les institutions *les « plus pressantes* que réclament les besoins du pays. « Voilà, nous l'espérons, ce que vous désirez comme « nous, et vous n'accorderez sans doute votre con- « fiance qu'à des hommes purs de tout engagement

« antérieur, et qui entreront franchement dans les « voies nouvelles où notre glorieuse révolution pousse « l'avenir. »

TROISIÈME PARTIE.

Indépendamment des questions de politique générale dont ils partagent la sollicitude avec les autres associations patriotiques, les *Amis du Peuple* ont un but plus spécial, et c'est en y marchant qu'ils se flattent de justifier leur titre et d'accomplir leurs plus chères espérances.

Ce but, c'est la défense immédiate de tous les intérêts des classes inférieures de la société; *c'est* L'AMÉLIORATION DE LEUR CONDITION PHYSIQUE ET MORALE.

C'est là ce que nous disions dans l'affiche QUI A ÉTÉ SAISIE AVANT D'ÊTRE PUBLIÉE.

On nous a mal compris.—Nous nous expliquerons. On nous a calomniés.—Peu importe.—On nous a accusés. — Tant mieux!

L'accusation. — Nous en sommes heureux et fiers, non comme individus, ce serait une bravade ridicule; mais comme assemblée politique, car nous aurons occasion de remplir un grand devoir.

Ici les hommes ne sont rien; la cause est tout, et

il ne saurait manquer d'être très utile à la cause que de voir les acteurs de la révolution de 1830 se trouvant face à face avec les magistrats de Charles X.

Quant aux calomnies dont elle est l'objet, la *Société des Amis du Peuple* n'en est ni émue ni ébranlée.

La calomnie peut arrêter des âmes faibles ou des caractères vacillans; mais les hommes forts de leur droiture, les hommes qui peuvent étaler sans crainte tous les feuillets de leur vie, bien loin de reculer devant la calomnie, ils la repoussent en avançant.

Nous allons donc mettre en lumière nos sentimens et nos vœux, et développer l'affiche inculpée, en exposant de quelle manière nous apparaît aujourd'hui notre position politique et sociale.

Pour les hommes à vue courte, la révolution de 1830 n'eut d'autre cause que les quinze années d'oppression qui la précédèrent. Pour ceux qui peuvent enchaîner les événemens d'une assez longue période historique, la cause remonte beaucoup plus haut.

Une autre révolution éclata aussi il y a quarante ans.

Par qui fut-elle faite? Par le peuple. Pour qui travaillait-il? Probablement pour lui-même. Contre qui dirigea-t-il ses coups? Contre le privilége, contre l'aristocratie, c'est-à-dire contre cette oisiveté dévorante qui engloutit comme dans un gouffre tous les trésors de la civilisation, et rejette seulement à la surface les préjugés et les vices qu'engendrent l'égoïsme et l'orgueil.

Le peuple se battit donc contre le privilége.

Le privilége qui est la prime de l'ignorance et de la paresse, le privilége pour qui coulent les sueurs du travail, le privilége était alors partout. Il fallait donc tout régénérer, et partant tout détruire.

Quatre années de lutte violente y furent consumées. La nation entière s'y épuisa....

Et pourtant, il faut le dire avec douleur, la lave du volcan couvrit bien ce vieil Herculanum, elle ne le détruisit qu'à moitié.

Vint alors un homme que le flot populaire avait porté : homme de génie, gâté de la gloire et fils du peuple.

Et vous savez, le peuple!... la gloire l'attire, le génie le passionne : *gloire*, *génie*, *liberté*..... c'est pour lui la même famille. Cet homme alla donc où il voulut.

Il dit : *Je suis des vôtres ; faites-moi grand.* Il devint grand.

Il dit : *Je suis la république ; faites-moi empereur.* Il fut empereur.

Et cependant il rappela les prêtres, il rappela les nobles; il déblaya le minerai qui couvrait la vieille aristocratie, il passa la main sur elle pour lui donner la couleur du temps; il en créa une nouvelle, il rétablit les impôts que la révolution avait abolis... Mais il eut beau nous envelopper de gloire et de triomphes: il devait tomber... Il tomba.

Ce fut alors le tour de la RESTAURATION.... Mot précieux, qui est à la fois un principe et une histoire.

La restauration apportait la légitimité; la légitimité

ramenait l'aristocratie,.... c'est-à-dire la guerre. On le sentit, et la légitimité *octroya* la Charte: espèce de compromis entre l'ancien et le nouveau; constitution bâtarde, où l'aristocratie recevait son organisation en pairie héréditaire, en électeurs à cent écus, en éligibles à mille francs; pilastre à la base fragile, autour duquel se continua cette guerre qu'on voulait vainement éviter.

Les trois jours de juillet l'ont terminée.

Voilà l'histoire! — Elle établit évidemment que la révolution de 1830 est la fille de la révolution de 89. Elle en est la continuation; elle en est la fin.

Le drame a duré quarante ans. Il s'est terminé par un dénoûment vif, rapide, imprévu, et pourtant inévitable.

Tirons les conséquences.

Le règne des théories est passé : la même main a implanté dans la terre *la liberté et l'égalité.*

La gloire de nos pères fut de verser leur sang pour les faire connaître et respecter des autres peuples;

La nôtre sera de leur apprendre comment on marche avec lenteur et sagesse, mais avec constance et fermeté, à la réalisation de toutes les conséquences que porte avec elle la souveraineté populaire.

Et qu'on n'aille pas encore soulever contre nous, par de fausses interprétations, toutes les terreurs imbéciles! Qu'on ne vienne plus évoquer des souvenirs d'une autre époque; que, sous ce nom effrayant de *club*, on ne vienne plus fausser nos intentions, méconnaître nos personnes, et jeter je ne sais quelle souillure d'ambition sur des âmes qu'anime l'amour pur et désintéressé du bien public.

Nous avons dit ce qu'il y avait de commun entre 1789 et 1830 : l'adoption des mêmes principes. Là, tout se ressemble; hors de là, tout est divers.

D'un côté, l'effémination des mœurs, la dissolution nécessaire d'un état social tombant en ruines, l'absence de crédit, le faible développement de l'industrie; les résistances de l'Europe entière qui semait l'or pour corrompre et la violence pour égarer; une population mal éclairée, acceptant le déréglement comme une nécessité, le désordre comme un besoin; des décombres, des pillages, des ruines indispensables alors, oui, malheureusement indispensables pour sauver la patrie.

Mais aujourd'hui, quoi de pareil? La pudeur publique a des stigmates pour les vices; l'Europe nous admire et nous seconde; les lumières ont pénétré jusque dans ces masses calmes, patientes, qui n'usent de la force que quand leur droit a été trop long-temps méconnu; et cette force n'est plus brutale et aveugle, c'est la force intelligente, plus admirable encore après la victoire que pendant le combat.

Aussi le premier mouvement révolutionnaire dura quatre ans.

Le second a duré trois jours.

Mais les réformes qu'il commande, la régénération qu'il appelle, l'œuvre entière qui doit protéger tous les intérêts du peuple, cette œuvre sera longue et difficile.

Raison de plus pour ne pas perdre un instant.

Si le pouvoir y marchait, nous n'aurions plus qu'à lui apporter le fruit de nos études, le résultat de nos travaux.

Mais chaque acte du ministère et de la chambre la pousse en dehors du peuple.

De là la lutte des *Amis du Peuple* contre une chambre incapable et contre un ministère faible parce qu'il est *ignorant.*

Il est *ignorant;* car au lieu d'accepter les principes de 89, il lutte contre eux, et s'attache à ceux de 1814.

Il est *ignorant;* car il s'efforce de soutenir de ses mains impuissantes un vieil édifice dont les bases étaient minées depuis cinquante ans, au lieu d'élever chaque jour quelque partie du temple nouveau qu'attendent les colonnes populaires.

Il est *ignorant;* car il dit chaque jour: *Les intérêts du peuple viendront plus tard.* Et il ne sait pas au contraire que les intérêts du peuple, c'est le pain, le vin, le sel, les besoins de tous les jours, les besoins qu'il faut au plus tôt satisfaire (1).

---

(1) *L'ignorance* des doctrinaires tient surtout à leur suffisance. Comment imaginer que M. de *Broglie,* par exemple, puisse avoir quelque chose à apprendre? C'est un homme si complet que M. le duc! Comment penser qu'on soit susceptible d'amélioration quand on a eu les caresses de deux ou trois salons de Paris? Comment ne pas se trouver fort admirable quand on entend dire autour de soi: *Il a tant d'esprit!* et comment résister à cette idée que puisqu'on a de l'esprit, on peut gouverner un royaume? Un joli homme n'est-il pas nécessairement un homme d'état? Croyez-vous donc que ce sera M. de Broglie; croyez-vous que

Il est *ignorant;* et comment ne le serait-il pas, puisque la partie qui le domine se compose d'hommes dont les idées s'étaient arrangées au service de tant d'autres pouvoirs; hommes sans force, parce qu'ils sont sans conviction, qui font aujourd'hui la *phrase révolutionnaire* comme ils firent et la phrase *légitime* et la phrase *impériale?*

Non, ils ne dureront pas ces hommes qui n'ont plus pour soutien que quelques rhéteurs gagés, dont ils méprisent le caractère et dont ils achètent le talent.

---

ce sera M. *Guizot*, M. *Sébastiani*, M. *Dupin*, qui s'occuperont des intérêts du peuple? Ils s'efforcent dans ce moment à singer l'oligarchie anglaise, et ils ne savent pas que si l'Angleterre s'est organisée féodalement, c'est que la révolution de 1688 fut en effet une révolution aristocratique; aussi l'aristocratie en a profité. Mais comme tout gouvernement aristocratique est essentiellement un gouvernement de corruption, le peuple anglais lutte depuis long-temps, et peut-être un jour secouera-t-il ses chaînes.

En France c'est le peuple qui a tout fait; c'est au peuple que tout doit profiter : et pourtant la démocratie leur fait peur; ils s'écrient comme les hommes de Charles X : *La démocratie coule à pleins bords.* Ils ressassent la belle métaphore *du torrent qui entraîne.* Ignorance! ignorance! Ils veulent étouffer les causes de désordre; ils les excitent. Car ces germes, un instant comprimés, poussent et s'élèvent parce qu'ils ont des racines dans le sol. Ainsi, par exemple, on modère un instant l'agitation matérielle en donnant du travail aux ouvriers, et l'on ne songe plus à faire disparaître la disproportion effrayante qui existe entre le travail et le salaire. On ne sait pas que depuis le douzième siècle la condition des ouvriers a été dans une proportion décroissante avec les progrès de l'industrie. — Dans toutes les lois

La *Société des Amis du Peuple* continuera donc sa marche sans se laisser détourner de son but; elle prouvera:

Que l'*égalité* devant la loi est proclamée dans la constitution votée par la chambre actuelle, et que des démentis sont donnés à ce principe par la plupart des dispositions de cette constitution.

Elle prouvera que ces démentis se retrouvent à chaque moment dans la législation, et qu'ils s'attaquent non seulement aux classes inférieures, mais encore aux classes manufacturières et commerçantes.

Elle montrera, par exemple, que si l'ouvrier a sou-

---

qu'ils préparent ils n'ont qu'un seul intérêt en vue, celui de la propriété territoriale. Or, cet intérêt c'est celui d'environ 18,000 personnes auxquelles on en sacrifie 32 millions. Et pourtant c'est pour eux qu'ont été faites et la loi sur les blés, et la loi sur les bestiaux, et presque toutes celles qui gênent le mouvement de l'industrie et du commerce. Si cela est vrai pour les lois qui touchent aux intérêts matériels, ce n'est pas moins vrai pour toutes les lois politiques. Pour n'en prendre qu'une seule, la loi électorale menace d'être faite encore sur cette seule base de la propriété foncière. On ne sait pas que depuis vingt ans, le mouvement des terres en France a toujours tendu à les concentrer dans un petit nombre de mains; et cela devait être, comme conséquence nécessaire du système de la légitimité. Ce sera donc une *continuation de ce système* qu'une loi fondée sur les mêmes doctrines. Que les ministres *ignorans* apprennent du moins de nous que 47,000 cotes en France absorbent aujourd'hui les quatre cinquièmes du sol; et qu'ils viennent se vanter ensuite d'aimer le progrès et de consulter l'intérêt général!!...

vent raison de réclamer qu'on allége son sort et qu'on augmente son salaire, le chef d'atelier est souvent dans l'impuissance de le satisfaire; car il est obligé, pour entretenir ses usines, pour continuer sa fabrication, pour suffire à tous les frais de sa manufacture ou de son commerce, d'emprunter à gros intérêts un capital qu'un meilleur système de crédit public pourrait offrir à un taux infiniment plus bas.

Elle prouvera donc que le vice de la législation est le résultat de l'organisation générale du crédit et du privilége de la Banque. Elle demandera par conséquent l'abolition de ce privilége.

Il sera clair alors pour tous les yeux que les plus minces questions tiennent aux questions les plus hautes, et que l'aristocratie, dans quelque point qu'elle soit placée, pèse sur le peuple, froisse ses intérêts, et par conséquent prolonge le malaise et les causes de trouble.

La *Société des Amis du Peuple* en s'occupant des questions les plus pressantes qui touchent aux intérêts matériels, réclamera aussi pour elle et pour tous l'exercice des droits politiques.

En effet, les esprits superficiels ont pu seuls séparer les *intérêts* et les *droits*. Les uns tiennent aux autres, et les premiers ne sont parfaitement protégés que quand les autres sont complétement garantis.

Mais en abordant successivement chacune des questions qui touchent aux fondemens mêmes de tout ordre social, les *Amis du Peuple* se présenteront non comme des utopistes insensés ou comme des rêveurs turbulens, mais comme des hommes graves, apportant avec eux des discussions fécondes en résultats, parce qu'elles seront fortes de faits et de chiffres, et toutes appuyées d'ailleurs sur le droit le plus rigoureux.

Ils établiront par là que tout pas vers l'égalité est un pas vers la justice; et comme la justice et l'ordre sont une seule et même chose, ils justifieront aux yeux de tout homme de sens qu'ils sont les meilleurs amis de la paix et de la sécurité publiques qu'on les accuse de vouloir troubler.

Presque tous ils peuvent offrir des garanties par leurs précédens et par leur position sociale; presque tous ils appartiennent à cette génération qui a pour elle le temps et la raison.

Mais qu'on ne se flatte pas de les paralyser, sous prétexte qu'ils peuvent attendre. Tout pouvoir abandonné à lui-même s'éteint dans la torpeur, ou s'égare par des influences étrangères au peuple.

C'est au peuple à surveiller, à presser, ou à réveiller le pouvoir. La presse a déjà ce mandat.

Tel est aussi le mandat de notre Société; elle le tient de la révolution, elle le poursuivra jusqu'à ce qu'il soit accompli.

Citoyens de toutes les classes laborieuses, comprenez donc enfin que vos intérêts et les nôtres sont confondus. Non, vous ne croirez pas que nous prêchions la destruction de la propriété, nous qui plaidons la cause du travail et de la dignité humaine. Vous ne croirez pas que nous soyons des ennemis de l'industrie ou du commerce, nous dont les travaux tendent à obtenir le plus libre développement du commerce et de l'industrie. Notre ennemi commun, c'est l'aristocratie, que les contre-révolutionnaires excitent et soutiennent : c'est elle qui soulève les inquiétudes, c'est le privilége qui affecte de s'effrayer pour semer le trouble et le désordre. Le privilége et l'aristocratie ont fait leur temps : la liberté, l'égalité portent désormais toute la civilisation. C'est à ces grands principes que nous nous sommes voués. Que votre confiance donc nous accompagne !

Et vous, ouvriers, braves et généreux soldats de juillet ! vous aussi l'on vous calomnie ; mais il nous sera permis de vous défendre. Mêlés à vous dans les mouvemens de la grande semaine, nous avons pu, mieux que d'autres, apprécier combien il y a parmi vous d'intelligence, de sentimens d'ordre, et de probité sévère. Oui, nous le répéterons à la face de la France, c'est votre courage qui a sauvé la patrie, et si quelque bruit de guerre inopinée, si quelque nouveau danger frappait cette patrie, vous la sauveriez encore ! D'autres peuvent oublier la reconnaissance qu'ils vous doivent : n'en soyez pas surpris ; la peur rend ingrat. Mais nous ne vous oublierons jamais. Et vous aussi, ayez confiance au temps ! Ils se retireront du conseil du roi ces hommes qui empoisonnent tous les fruits de la victoire du peuple. Avec eux le privilége et l'aristocratie disparaîtront. Et vous trouverez d'énergiques défenseurs parmi ceux qui touchaient vos mains au jour du combat ; vous trouverez toujours des amis dans cette jeunesse qui sympathise si vivement avec tout ce qui est vérité, raison et justice.

R.F.

www.ingramcontent.com/pod-product-compliance
Ingram Content Group UK Ltd.
Pitfield, Milton Keynes, MK11 3LW, UK
UKHW020537230726
13925UKWH00005B/2328